DIE REZEPTKAPITEL:

Gemüse, Gemüse, Gemüse stets kombiniert mit den Gewürzen des Mittelmeerraums machen die einfachen Zutaten einfach besonders.

Hier findest du den Streetfood Hero Sabich, den Frühstücksklassiker Schakschuka oder Böreks, die Orient-Lieblinge – aber immer mit ganz viel Aromamagie.

Pflaumen und Kichererbsen? Malve und Knoblauch? Diese Kombis sind doch total crazy! Genau, crazy kreativ und nach den Regeln des Foodpairings gezaubert.

Lerne auf Seite 37 verschiedene Essenstraditionen Israels kennen. Und tauche ein in die Welt der Levante-Aroma-Kniffe, in der Auberginen mit Raucharomen zum perfekten Partner von Tomaten, Feta und Datteln werden (s. S. 45) und die Kombination aus Joghurt und Zitrone Everybody's Darling ist (s. S. 17). Diese und viele weitere **MAGISCHE TIPPS** sorgen für zauberhafte Genuss-Momente. Bete'avon!

SIMSALAMAGIC

Die Welt in einem kleinen Land

Als wir zum ersten Mal in Israel waren, hielten wir es wie sonst auf Reisen auch immer: Augen und Münder auf, viel an **STRASSENSTÄNDEN UND IN GARKÜCHEN** probieren und die Einheimischen fragen, wo man hingehen sollte. Funktioniert immer. Als die Reise zu Ende war, fiel uns auf, dass wir fast ausschließlich vegetarisch gegessen hatten. Ungeplant, denn meine Frau und ich essen schon auch gerne Fleisch und Fisch. Vermisst? Haben wir rein gar nichts.

Einer der Drehs der orientalischen Küche ist, oft aus ganz wenigen, günstigen und unspektakulären Zutaten im Handumdrehen tolle Gerichte zu zaubern. So wie es uns eine **MEZE-TAFEL** vormacht: Die Kombination vieler Kleinigkeiten in warm und kalt, cremig und knackig, erfrischend und sättigend ergibt in Summe eine echte Wohlfühlatmosphäre am Tisch. Noch dazu, wenn mit typischen Gewürzen und Gewürzmischungen wie Sumach oder Zaatar Highlights gesetzt werden.

Israels Reigen an Gerichten spannt verschiedene Bögen. Da werden regionale, eben **ORIENTALISCHE TRADITIONEN** mit **RELIGIÖS GEPRÄGTEN VORGABEN** verwoben. Wichtig sind dazu die Einflüsse der Juden aus aller Welt, die nach der Staatsgründung Israels aus ihren vorherigen Heimatländern mannigfaltige Rezepte dorthin mitgebracht haben.

Der Mulitkulti-Charme der israelischen Küche ist allgegenwärtig. So sind Banatages eigentlich aus Tunesien, doch schwören Juden aus Polen oder Russland darauf, die dort genau so gemacht zu haben. Und Matzen-Lasagne wird man in New York ebenso häufig finden wie in Jerusalem. Manche der Rezepte, wie die Chraime, sind **ABWANDLUNGEN** von eigentlich mit Fleisch angelegten Speisen.

Wir haben für dich in diesem Buch eine genau solch bunte Mischung aus traditionell und modern, einfach und raffiniert oder auch mal bewusst abgewandelt zusammengestellt. Vieles davon ist leichte, bekömmliche Küche, die den **SPIRIT DES NAHEN OSTENS** zu dir nach Hause bringt. Und auch wenn die Rezepte meist für zwei Personen bemessen sind: Lade Freunde ein und feiere mit ihnen eine kulinarische Party Israeli style! Le chaim!

GANZ PUR

GEMÜSE-HUMMUS-BOWL

8 große Salatblätter
(Sorte nach Belieben)
½ Salatgurke
20 Kirschtomaten
je 1 gelbe und rote Paprika
1 Knoblauchzehe
2 Frühlingszwiebeln
2 Zitronen
40 ml Gemüsebrühe
4 EL Olivenöl
Salz | Pfeffer
1 Prise Zucker
1 Avocado
2 Dosen Kichererbsen
(je 265 g Abtropfgewicht)
2 EL Tahin (Sesampaste)
3 Stängel glatte Petersilie
1 Handvoll Oliven
–
Für 2 Personen
20 Min. Zubereitung
Pro Portion ca. 885 kcal

1 Den Salat waschen und trocken schleudern. Zwei Bowls damit auslegen. Die Gurke putzen, schälen und dann in 2 mm dünne Scheiben schneiden. Die Kirschtomaten waschen und halbieren. Die Paprika waschen, längs halbieren, von Kernen und weißen Trennwänden befreien, längs in Streifen schneiden und diese halbieren. Den Knoblauch schälen und sehr fein hacken. Die Frühlingszwiebeln putzen, waschen und bis zum Beginn des dunklen Grüns in feine Ringe schneiden.

2 Die Zitronen auspressen. In einem Schraubglas die Hälfte des Saftes, Gemüsebrühe, 2 EL Olivenöl, etwas Salz, Pfeffer, Zucker und den Knoblauch zu einem Dressing schütteln. Avocado längs halbieren, entkernen, das Fruchtfleisch mit einem Löffel aus der Schale heben und in Streifen schneiden.

3 Die Kichererbsen in ein Sieb abgießen und dabei die Garflüssigkeit in einer Schüssel auffangen. Die Hälfte der Kichererbsen, die restlichen 2 EL Olivenöl, Salz, Tahin und etwas Kichererbsenflüssigkeit in einem hohen Rührbecher mit dem Pürierstab cremig mixen. Die Petersilie waschen und trocken schleudern, die Blätter abzupfen und fein hacken.

4 Die Gemüse zusammen mit den restlichen Kichererbsen, der Acovado, den Oliven und dem Hummus in den Bowls anrichten. Gemüse mit dem nochmals aufgeschüttelten Dressing beträufeln und mit Petersilie bestreut servieren.

Meine Prise Magie

für mehr Abwechslung

Gerade zur heißen Jahreszeit macht sich auch Obst ganz gut in so einer Bowl. Das Gemüse kann also gerne auch mit Ananas, Melone oder auch Weintrauben angereichert werden.

OKRASCHOTEN MIT BALSAMICOSCHALOTTEN

8 Schalotten
100 ml Gemüsebrühe
40 ml Aceto balsamico
1 TL Speisestärke
500 g Okraschoten
2 Knoblauchzehen
2 EL Olivenöl
Salz | Pfeffer
½ TL edelsüßes Paprikapulver
2 TL Mandelstifte
–
Für 2 Personen
15 Min. Zubereitung
20 Min. Garen
15 Min. Backen
Pro Portion ca. 245 kcal

1 Die Schalotten schälen und der Länge nach halbieren. In einem kleinen Topf die Gemüsebrühe erhitzen, die Schalotten einlegen und bei mittlerer Hitze in 20 Min. weich köcheln lassen. Den Essig mit der gesiebten Speisestärke verrühren und unter die Schalotten rühren. Die Flüssigkeit kurz aufkochen und dann bei ganz kleiner Hitze warm halten.

2 Inzwischen den Backofen auf 220° vorheizen. Die Okraschoten waschen, trocken tupfen und quer in 3 cm dicke Stücke schneiden. Den Knoblauch schälen und sehr fein hacken. Beides in einer ofenfesten Form mit Olivenöl mischen und mit Salz, Pfeffer sowie Paprika in gewünschter Intensität würzen. Die Okrastücke im Ofen (Mitte) ca. 15 Min. backen, bis sie eine entsprechende Färbung zeigen. Okraschoten auf zwei Teller verteilen, mit den Mandeln bestreuen und mit den Balsamicoschalotten anrichten.

Die Zauberformel

für Okraschoten

Okraschoten enthalten wasserlösliche Schleimstoffe aus langkettigen Kohlenhydraten, die austreten, sobald man sie aufschneidet. Blöderweise matschen sie dann bei zu langer Garzeit in Wasser oder Sauce durch. Genau hier hilft das Backen im Ofen, denn bei dieser Hitze trocknet der Schleim sofort an.

PINK TORSHI

3 EL grobes Meersalz
4 EL Weißweinessig
5 mittelgroße Pastinaken
1 große Rote Bete
5 Knoblauchzehen
1 Stange Staudensellerie
1 kleine rote Chilischote
–
Für 1 Schraubglas (1 l)
15 Min. Zubereitung
7 Tage Kühlen
Pro Portion ca. 465 kcal

1 250 ml Wasser in einem Topf zum Kochen bringen und das Salz einstreuen. Nach 1 Min. die Hitze reduzieren, da das Salz sich in jedem Fall aufgelöst hat. Leicht abkühlen lassen. Den Essig einrühren.

2 Pastinaken putzen, schälen und in 1 cm dicke und 4 cm lange Streifen schneiden. Die Rote Bete putzen und schälen, dann in etwa gleich große Stücke wie die Pastinaken schneiden. Den Knoblauch schälen. Den Staudensellerie waschen, putzen und quer in 1 cm dicke Stücke schneiden. Die Chilischote waschen und vom Stielansatz befreien.

3 Alle Gemüse in ein sauberes Schraubglas füllen und den Sud angießen. Mit lauwarmem Wasser auffüllen, bis das Gemüse komplett bedeckt ist. Dann das Glas mit dem Deckel verschließen und 5–7 Tage kühl stellen. Das Gemüse hält sich danach im Kühlschrank mindestens 3 Wochen.

IT'S MAGIC!

Das sauer eingelegte Gemüse findet sich wie selbstverständlich auf den Meze-Tafeln Israels. Oft bekommt man es auch in einer Pita-Tasche mit Tahin und Falafel serviert. Einen Knaller-Effekt freilich erzielt man bei etwas, das in diesem Buch eigentlich gar nichts zu suchen hat: In einem Burger bringt es viel mehr Säurekick und Geschmack, als es einfache Essiggurken jemals könnten.

RADICCHIO-BLUTORANGEN-SALAT

1 mittelgroßer Kopf Radicchio
3 Blutorangen (ersatzweise normale Orangen)
2 Stängel Dill
1 Handvoll grüne Oliven (entsteint)
1 TL Sumach
3 EL Olivenöl
2 EL Granatapfelsirup
2 EL Essig (aber keinen Balsamessig)
Salz | Pfeffer

–

Für 2 Personen
15 Min. Zubereitung
Pro Portion ca. 270 kcal

1 Den Radiccio putzen, waschen, abtrocknen und in Streifen schneiden oder zerzupfen. Dabei möglichst wenig vom weißen Strunkansatz verwenden.

2 Von den Orangen mit einem scharfen Messer die Schale samt der weißen Haut komplett entfernen, dann die Filets zwischen den Trennhäuten herausschneiden. Die Filets jeweils in drei Stücke schneiden. Dill waschen und trocken schütteln. Die Dillspitzen von den Stängeln zupfen und grob hacken. Alles zusammen mit den Oliven in eine Schüssel geben.

3 Den Sumach und die übrigen Zutaten in einem Schraubglas gut mischen, das Dressing über den Salat gießen und gut untermischen.

Meine fantastische Idee

für Zero Waste

Das Filetieren der Orangen macht man am besten bereits über einer zweiten kleinen Schüssel. So geht kein Saft verloren. Was man nach dem Herausschneiden noch in der Hand hält, wird ausgepresst. Der Saft kommt natürlich mit in den Salat.

Dips, Saucen und Gewürzmischungen

STILLE HEXER

KRÄUTERZAUBER

Oft machen Würzungen den Reiz eines Gerichts aus. Genaue Maßeinheiten hat hier keiner, alles wird nach Gefühl und Vorliebe bemessen. In die Pesto-Richtung geht das **Yemenite Schug**, das Juden aus dem Jemen mitgebracht haben. Darin werden grüne Jalapeños (ersatzweise Peperoni), Koriandergrün, Petersilie, Knoblauch, Salz, Kardamom und Kreuzkümmel mit Olivenöl zu einer Paste gemixt. Gibt nahezu allen Gerichten einen besonderen Kick.

CREMIGER VERFÜHRER

Neben Hummus und Babaganoush, den beiden cremigen Dips aus Kicherbsen bzw. Auberginen, gibt es als Geheimtipp eine Creme, die gleich zweifach verwendet werden kann. Eine **Paste aus Tahin**, Kreuzkümmel, warmem Wasser, Knoblauch, jeder Menge Zitronensaft und Salz ist eine Begleitung zu Fisch, weiter verdünnt fungiert sie aber auch als Salatsauce. Dabei gilt: je saurer, desto frischer.

GEWÜRZMAGIE

Als Gewürzmischung ist **Doha** sehr beliebt. Sie besteht aus Koriandersamen, Erdnüssen, Sesamsaat und Walnüssen – wobei alles in der Pfanne ohne Fett angeröstet wird – und zerstoßenenem Kreuzkümmel. Alles kurz in den Mörser oder Mixer, etwas Salz hinzu, und schon hat man mit etwas Olivenöl einen Dip für Eier oder Gemüse. Gleiches gilt für die **»Jerusalem-Gewürzmischung«**, die sich an das orientalische Ras-el Hanout anlehnt. Paprikapulver, Koriandersamen, Kreuzkümmel, Knoblauchgranulat, Piment und Kurkuma ergeben eine kräftige Aufwertung von gegrilltem Gemüse. Ist mit Olivenöl vermischt auch als Marinade geeignet! Ein tolles Fertiggewürz ist **Zaatar**, es besteht aus wildem Thymian und gerösteten Sesamsamen.

DIE SPEED-WUNDER-SAUCE

Und wenn es ganz fix und unkompliziert gehen soll, geht immer **die schnellste aller Saucen**: Joghurt, Zitronensaft und Salz mischen, vielleicht noch etwas Minze rein.

CRUNCH-BOOSTER

Ebenfalls für Gemüse bietet sich **gebratener Panko** an, also das etwas gröbere, flockige Paniermehl aus Weißbrot ohne Rinde. Dazu kocht man Zitronenschalen in drei Mal gewechseltem Wasser und püriert sie mit Zucker, Salz und in reichlich Butter gebratenem Panko – fertig!

POMELOSALAT

1 Pomelo (ersatzweise Pink Grapefruit)
½ Bund Schnittlauch
60 g Pinienkerne
1 Handvoll Rosinen
2 Zitronen
4 EL Olivenöl
½ TL Salz
1 TL brauner Zucker
–
Für 2 Personen
15 Min. Zubereitung
Pro Portion ca. 510 kcal

Meine Prise Magie

für mehr Variation

Dieser Salat ist ein herrlicher Begleiter für Reisgerichte. Er lässt viele Erweiterungsmöglichkeiten offen. Granatapfelkerne, Cranberrys, Radieschen oder Feta passen dazu.

1 Die Pomelo schälen. Dafür zunächst oben und unten die Kappen abschneiden, danach die Schale in acht bis zehn Schnitten rundum der Länge nach einritzen und abziehen. Die einzelnen Fruchtschnitze herauslösen und die Filets mit einem kleinen Messer von den Häuten befreien. Das Fruchtfleisch ist wesentlich trockener als bei Orangen, daher geht dieser Prozess recht einfach und verläuft ohne viel Gespritze. Die Filets in jeweils drei Stücke schneiden.

2 Den Schnittlauch waschen, trocken schleudern und in feine Röllchen schneiden. Die Pinienkerne in einer Pfanne ohne Fett bei mittlerer Hitze anrösten, aber nicht bräunen. Zusammen mit Pomelos, Schnittlauch und Rosinen in eine Schüssel geben.

3 Den Saft der Zitronen auspressen und mit Olivenöl, Salz und Zucker mischen. Das Dressing über die Pomelomischung geben und gut durchmischen.

ROTE-BETE-HUMMUS

200 g Rote Bete
3 Knoblauchzehen
3 EL Olivenöl
200 g Kichererbsen (Dose oder Glas)
1 Zitrone
100 g Tahin (Sesampaste)
Salz
½ TL schwarzer Sesam
–
Für 2 Personen
10 Min. Zubereitung
40 Min. Backen
Pro Portion ca. 620 kcal

IT'S MAGIC!

Man könnte es sich einfacher machen, indem man vorgegarte Rote Bete verwendet – klappt ja auch gut. Durch das Backen allerdings entstehen Röstaromen, die den Geschmack viel intensiver und interessanter gestalten.

1 Den Backofen auf 200° vorheizen. Die Rote Bete putzen, schälen und in 2 cm große Würfel schneiden Diese auf ein mit Backpapier ausgelegtes Blech streuen und die ungeschälten, angedrückten Knoblauchzehen dazulegen. Das Gemüse mit 1 EL Olivenöl beträufeln und im heißen Ofen (Mitte) ca. 40 Min. oder so lange backen, bis die Rote-Bete-Würfel weich sind. Zum Testen mit einem kleinen Messer einstechen. Komplett abkühlen lassen.

2 Die Kichererbsen in ein Sieb abgießen, dabei die Garflüssigkeit in einer Schüssel auffangen. Den Saft der Zitrone auspressen. Den gebackenen Knoblauch schälen. Zusammen mit der Roten Bete, den Kichererbsen, Tahin, Zitronensaft und den restlichen 2 EL Olivenöl in einem hohen Rührbecher mit dem Pürierstab pürieren. Bei Bedarf etwas von der Kichererbsenflüssigkeit für mehr Cremigkeit hinzugeben. Hummus mit Salz abschmecken. Vor dem Servieren mit schwarzem Sesam bestreuen.

GERÖSTETER BLUMENKOHL TEL-AVIV-STYLE

500 g Blumenkohl
3 EL Olivenöl
1 TL gemahlener Kreuzkümmel
1 TL schwarzer Sesam
½ TL Schwarzkümmel
1 TL Honig (ersatzweise Agavendicksaft oder Ahornsirup)
Salz | Pfeffer
1 Glas Kichererbsen (220 g Abtropfgewicht)
1 Msp. rosenscharfes Paprikapulver
½ TL Rauchpaprikapulver
1 Zitrone
3 EL Tahin (Sesampaste)
1 Knoblauchzehe
4 Stängel Koriandergrün
2 Stängel Minze
–
Für 2 Personen
15 Min. Zubereitung
20 Min. Garen
Pro Portion ca. 550 kcal

1 Den Backofen auf 200° Umluft vorheizen. Blumenkohl putzen, waschen, in Röschen schneiden und in einer Schüssel mit 2 EL Olivenöl, Kreuzkümmel, Sesam, Schwarzkümmel und Honig gut mischen. Mit Salz und Pfeffer würzen. Blumenkohlmischung auf einem mit Backpapier ausgelegtes Backblech gleichmäßig verteilen und im Ofen (2. Schiene von oben) in ca. 10 Min. garen.

2 Inzwischen die Kichererbsen in ein Sieb abgießen, dabei die Garflüssigkeit in einer Schüssel auffangen. Die Kichererbsen in der Blumenkohlschüssel mit dem restlichen EL Olivenöl und den beiden Paprikapulvern gut mischen und auf einem zweiten mit Backpapier belegten Blech verteilen. Kichererbsen im Ofen (2. Schiene von unten) so lange rösten, bis Kichererbsen und Blumenkohl gleichmäßig geröstet sind, was ca. weitere 10 Min. dauert.

3 In der Zwischenzeit den Saft der Zitrone auspressen. Tahin, Zitronensaft und so viel von der aufgefangenen Kichererbsenflüssigkeit mischen, dass sich eine schön cremige Substanz ergibt. Den Knoblauch schälen und sehr fein hacken. Koriandergrün und Minze waschen und trocken schütteln, die Blätter abzupfen und sehr fein hacken. Knoblauch und die Hälfte der Kräuter unter die Tahinsauce rühren.

4 Blumenkohl zum Servieren mit den Kichererbsen toppen, Tahinsauce darüber oder an die Seite geben und alles mit den restlichen Kräutern garnieren.

Meine fantastische Idee

für mehr Wow-Effekt

Natürlich können auch hier Granatapfelkerne oder auch Cranberrys für einen Hauch Süße ins Spiel gebracht werden. Leicht angeröstete Pinienkerne schaffen zusätzlichen Biss.

GANZ KLASSISCH

BLUTAMPFER-SCHAKSCHUKA

1 kleine Zwiebel
2 Knoblauchzehen
1 grüne Peperoni
¼ TL Korianderkörner
3 EL Olivenöl
1 Msp. Zimtpulver
Salz
150 g Blutampfer
½ Zitrone
4 Eier
Pfeffer
50 g Ziegenfrischkäse
2 Stängel Koriandergrün

–

Für 2 Personen
25 Min. Zubereitung
Pro Portion ca. 425 kcal

1 Zwiebel und Knoblauch schälen und fein hacken. Die Peperoni waschen, putzen, längs halbieren, von Kernen und weißen Trennwänden befreien und fein würfeln. Koriander im Mörser zerstoßen.

2 2 EL Olivenöl in einer Pfanne erhitzen und darin zunächst die Zwiebel bei mittlerer Hitze anbraten, nach 2 Min. die Peperoni dazugeben und weich braten. Nach 5 Min. Bratzeit Knoblauch, Koriander, Zimt und etwas Salz dazugeben und unter ständigem Rühren 2 Min. weiterbraten.

3 Den Blutampfer waschen, trocken tupfen und in Streifen schneiden. Den Saft der Zitrone auspressen und zusammen mit dem Blutampfer in die Pfanne geben. Die Hitze reduzieren und das Gemüse zugedeckt 3 Min. ziehen lassen. Mit einem Löffel vier Mulden in die Masse drücken. Die Eier einzeln aufschlagen und nacheinander vorsichtig in diese Mulden gleiten lassen. Die Hitze wieder erhöhen und die Eier zugedeckt in 4–5 Min. so lange garen, bis das Eiweiß fest, das Eigelb jedoch noch leicht flüssig ist.

4 Den Ziegenfrischkäse zerbröseln. Koriandergrün waschen und trocken schütteln, die Blätter abzupfen und sehr fein hacken. Die Schakschuka mit gehacktem Koriander bestreuen und mit dem restlichen EL Olivenöl beträufeln. Sofort genießen.

Meine fantastische Idee

für mehr Flexibilität

Blutampfer sieht – nicht nur in diesem Gericht – super aus, nur bekommt man ihn nicht immer. Man kann ihn durch Babyspinat ersetzen. Aber auch sein »banaler« Cousin Sauerampfer ist eine gute Alterntative. Dann wiederum darf man beim Garen ruhig auch einen Tick Honig einfließen lassen.

URIS TABOULÉ

4 EL Bulgur (Instant)
1 Salatgurke
1 große Tomate
1 mittelgroße Zwiebel
½ Bund Minze
2 Bund glatte Petersilie
2 Bio-Zitronen
2 EL Olivenöl
1 TL Kreuzkümmel (frisch gemahlen)
1 Handvoll Granatapfelkerne
Salz
–
Für 2 Personen
15 Min. Zubereitung
Pro Portion ca. 255 kcal

1 Den Bulgur nach Packungsangabe mit kochendem Wasser überbrühen und ziehen lassen.

2 Die Gurke putzen, schälen, längs halbieren und mit einem Löffel die Kerne herausschaben. Dann das Fruchtfleisch in kleine Würfel schneiden. Die Tomate waschen, halbieren, den Stielansatz herausschneiden, die Kerne entfernen und das Fruchtfleisch würfeln. Die Zwiebel schälen und fein würfeln.

3 Minze und Petersilie waschen und trocken tupfen. Bei der Minze die Blätter von den Stängeln zupfen, bei der Petersilie nur die wirklich dicken Stängel entfernen. Blätter und feinere Stiele hacken. Zitronen heiß waschen, abtrocknen, jeweils die Schale abreiben und den Saft auspressen.

4 Alle vorbereiteten Zutaten in eine Schüssel geben. Olivenöl, Kreuzkümmel und Granatapfelkerne untermischen und den Salat mit Salz sowie eventuell weiterem Zitronensaft oder Olivenöl abschmecken.

Die Zauberformel

fürs nächste Sommerfest

Ich fülle das angemachte Taboulé in kleine Einmachgläser mit Deckel. Das sieht toll aus, ist praktisch portioniert und kommt aus dem Kühlschrank auf den Tisch. Eine echte Erfrischung an heißen Tagen!

Meine Prise Magie

für mehr Frucht

Einen Teil der Paprika kannst du auch unter den Teig der Falafeln mischen. Das setzt einen tollen Farbakzent und bringt ein fruchtiges Mundgefühl. Nur darf es nicht zu viel sein, da sonst die Wasseranteile der Paprika dafür sorgen, dass die Falafeln im Frittierfett zerfallen – deswegen ja auch nur die »Prise« Magie …

FALAFELN MIT MANGO-CHUTNEY

FÜR DAS CHUTNEY
1 Zwiebel
1 Stück Ingwer (5 cm lang)
¼ rote Paprika
1 reife Mango
1 EL Sonnenblumenöl
1 EL Ahornsirup
1 TL Zucker
50 ml Weißweinessig
20 ml Orangensaft
½ TL Kreuzkümmel (frisch gemahlen)
4 Stängel Minze

FÜR DIE FALAFELN
450 g Kichererbsen (Dose oder Glas)
1 Zwiebel
3 Knoblauchzehen
2 Stängel glatte Petersilie
4 Stängel Koriandergrün
Salz
½ TL mildes Chilipulver
1 TL gemahlener Kreuzkümmel
1 TL Backpulver
4 EL Mehl
Pflanzenöl zum Frittieren

–

Für 2 Personen
40 Min. Zubereitung
10 Min. Frittieren
30 Min. Abkühlen
Pro Portion ca. 1 000 kcal

1 Für das Chutney Zwiebel und Ingwer schälen und sehr fein hacken. Paprika waschen, von Kernen und weißen Trennwänden befreien und fein hacken. Die Mango schälen, das Fruchtfleisch vom Kern schneiden und klein würfeln. Das Öl in einer Pfanne erhitzen und die Zwiebel darin glasig anschwitzen. Paprika hinzufügen und 1 Min. mitschmoren. Ahornsirup, Mangowürfel, Zucker, Weißweinessig, Orangensaft, Kreuzkümmel und Ingwer dazugeben. Die Mischung leise köcheln lassen, bis die gewünschte Konsistenz an Sämigkeit erreicht ist. Minze waschen, trocken schütteln, Blätter von den Stängeln zupfen, fein hacken und unter das Chutney rühren. Anschließend das Chutney abkühlen lassen.

2 Für die Falafeln die Kichererbsen in ein Sieb abgießen und abspülen. Zwiebel und Knoblauch schälen und fein hacken. Kräuter waschen und trocken schütteln, die Blätter abzupfen und hacken. Alles in einen Standmixer geben. Salz, Chilipulver und Kreuzkümmel dazugeben und gut mischen lassen – aber kein Püree daraus machen. Backpulver und Mehl dazugeben und nochmals durchmixen. Aus der eher trockenen Masse Teigbällchen formen. Das Frittieröl in einem weiten Topf erhitzen, bis an einem ins Öl gehaltenen Holzkochlöffestiel sofort Bläschen aufsteigen. Falafeln darin portionsweise goldbraun ausbacken, auf Küchenpapier entfetten und zusammen mit dem Chutney servieren.

SABICH

1 Mango
1 ½ Zitronen
1 TL Bockshornkleesamen
1 TL Senfsamen
2 TL gemahlene Kurkuma
½ TL gemahlener Kreuzkümmel
1 TL Harissa
2 EL Rotweinessig
Salz
1 Knoblauchzehe
2 EL Tahin (Sesampaste)
½ Aubergine
1 rote Zwiebel
2 EL Weißweinessig
1 Tomate
¼ Salatgurke
1 Frühlingszwiebel
2 EL Olivenöl
100 g Kichererbsen (Dose)
2 große Pitabrote (ersatzweise 1 kleines Fladenbrot)
2 hart gekochte Eier
2 EL griechischer Joghurt (10 % Fett)
–
Für 2 Personen
30 Min. Zubereitung
Pro Portion ca. 685 kcal

1 Für die Sauce die Mango schälen, das Fleisch vom Kern schneiden und fein hacken. Den Saft der Zitronen auspressen. Bockshornklee und Senfsamen in einer Pfanne ohne Öl leicht anrösten. Mango, Samen, ein Drittel des Zitronensafts, Kurkuma, Kreuzkümmel, Harissa, Rotweinessig und Salz in einem hohen Rührbecher pürieren. Für den Aufstrich den Knoblauch schälen und sehr fein hacken. Knoblauch, restlichen Zitronensaft und Tahin mischen.

2 Die Aubergine putzen, waschen, in Scheiben schneiden und mit Salz bestreuen. Rote Zwiebel schälen, in dünne Ringe schneiden und mit Weißweinessig beträufeln. Tomate waschen, vom Stielansatz befreien, entkernen und würfeln. Gurke putzen, schälen, Kerne mit einem Löffel herausschaben und das Fruchtfleisch würfeln. Frühlingszwiebel putzen, waschen und in feine Ringe schneiden.

3 Den Backofen auf 200° vorheizen. 1 EL Olivenöl in einer Pfanne erhitzen und die Kichererbsen darin 3 Min. anbraten. Den restlichen EL Olivenöl und die Auberginenscheiben dazugeben, 10 Min. braten.

4 Die Pitabrote im Backofen (Mitte) 5 Min. toasten. Innen die vorgeschnittene Tasche mit der Tahinmischung ausstreichen. Die Eier pellen und längs halbieren. Die Auberginenmasse, die Eiern und die Salatgemüse dazugeben, die Sauce darüberträufeln und alles mit dem Joghurt toppen.

Meine fantastische Idee

für Variationen

Wenn man keine guten Pitabrote bekommt, lässt sich das Rezept auch sehr gut mit Tortillas gestalten. Was die Saucen oder Toppings betrifft, sind Pesto und in Essig fermentierte Rote Bete tolle Alternativen. Sumach kann einen zusätzlichen Würz-Kick geben.

WASSERMELONENSALAT MIT ZIEGENFRISCHKÄSE

1 kleine Wassermelone (ersatzweise 4 Spalten einer großen)
½ Salatgurke
20 Kirschtomaten
1 grüne Peperoni
2 Handvoll schwarze Oliven (entsteint)
150 g Ziegenfrischkäse
1 Bio-Zitrone
3 Stängel Minze
3 EL Olivenöl
1 TL Honig
Salz | Pfeffer
1 Msp. gemahlener Kardamom
–
Für 2 Personen
15 Min. Zubereitung
Pro Portion ca. 605 kcal

1 Melone von der Schale befreien und in mundgerechte Stücke schneiden. Gurke putzen, schälen, längs halbieren, mit einem Löffel die Kerne herausschaben und das Fruchtfleisch würfeln. Tomaten waschen und je nach Größe halbieren oder vierteln. Peperoni waschen, längs halbieren von Kernen und weißen Trennwänden befreien. Alle vorbereiteten Zutaten sowie die Oliven in eine Schüssel geben.

2 Den Ziegenfrischkäse zerbröckeln. Die Zitrone heiß waschen und abtrocknen. Mit einem Zestenreißer die Zitronenschale abziehen und fein hacken. Den Saft auspressen. Die Minze waschen und trocken schütteln, die Blätter abzupfen und ebenfalls hacken. Zitronensaft, Olivenöl, Honig, Salz, Pfeffer und Kardamom verrühren und zum Salat geben. Alles gut durchmischen. Den Salat auf Tellern anrichten, mit Ziegenfrischkäse und Minze bestreuen.

Die Zauberformel

für DIY-Labaneh

Ein großes Sieb auf einer Schüssel mit einem (Mull-)Tuch auslegen und 1 kg mit 1 TL Salz vermischten Joghurt (10 % Fett) hineingießen. Das Tuch oben zusammendrehen und die Flüssigkeit etwas ausdrücken, dann an einem kühlen Ort einfach stehen und fest werden lassen. Am nächsten Tag daraus Kugeln formen und statt Ziegenkäse zum Salat geben.

Magie der Religion

ESSENS-TRADITIONEN

GUTEN MORGEN ISRAEL!

Raus aus den Federn und erst mal **ordentlich frühstücken**! Und die traditionelle erste Mahlzeit des Tages ist in Israel eher reichhaltig und abwechslungsreich. Der israelische Salat aus Gurken, Tomaten, bunten Paprika und Zwiebeln, der mit Olivenöl und Zitronensaft angemacht wird, steht dabei oft auf dem Tisch. Wer das aufpeppen möchte, reichert mit Möhren, Radieschen, Avocado oder Oliven an. Shakshuka, Früchte, Käse, Wurst, Marmeladen, Joghurt, Brote – morgens ist üppig angesagt, bevor die Hitze untertags kaum Hunger aufkommen lässt.

SO FEIERT ISRAEL

Wir wissen aus vielen Kulturen, dass Festtage und zugehörige Speisen untrennbar miteinander verbunden sind. Im Judentum ist das nicht anders. **Chanukka** etwa ist der Tag des Ölwunders. Mit einem winzigen Rest davon brannte der Leuchter im Tempel angeblich einst tagelang. Also stehen neben dem Ölkrug in Öl ausgebackene Speisen wie Latkes oder Kreppel – israelische Berliner – im Mittelpunkt. An **Pessach** sind es die ungesäuerten, flachen Brote. Sie erinnern daran, dass die Hebräer bei ihrer Flucht aus Ägypten keine Zeit hatten, den Brotteig gehen zu lassen. Fröhlich geht es an **Simchat Tora** zu, das als Familienfest vor allem bei Kindern beliebt ist. Kein Wunder, gibt es doch vor allem süße Leckereien an diesem Tag …

DER MEZE-REIGEN

Wer sich in einem Restaurant nicht für ein Einzelgericht entscheiden kann, ist mit einer Meze-Platte bestens bedient, die übrigens auch im Privaten für Gäste aufgetischt wird. Hier erwarten einen **viele magische Köstlichkeiten**: gegrillte Auberginen, Falafel, Hummus, Fleisch(bällchen), Fisch, diverse Gemüse, Datteln, Anchovis, Oliven, gefüllte Teigtaschen und Weinblätter, Kebabspießchen …

ZWEIERLEI BÖREKS

IT'S MAGIC!

Gemeinhin werden Böreks als Vorspeise oder Fingerfood »trocken« gereicht. Noch würziger wird die ganze Sache, wenn es einen Dip dazu gibt, etwa eine leichte und sogar süße Chilisauce oder eine zitronenfrische Avocadocreme.

200 g Babyspinat
1 EL Butter
1 Knoblauchzehe
150 g Schmand
Salz | Pfeffer
frisch geriebene Muskatnuss
3 Stängel Petersilie
30 g Parmesan
50 g Schafskäse (Feta)
50 g Ricotta
2 EL Mehl
1 Ei
1 Pck. frischer Blätterteig (ca. 260 g; Kühlregal)
2 TL Sesam
–
Für 20 Stück
40 Min. Zubereitung
20 Min. Backen
Pro Stück ca. 100 kcal

1 Spinat waschen und verlesen. Die Butter in einem Topf zerlassen und den Spinat darin zusammenfallen lassen, dann restliche Flüssigkeit aus dem Spinat ausdrücken. Knoblauch schälen und fein würfeln. Spinat, Knoblauch und Schmand in einer Schüssel mischen. Mit Salz, Pfeffer und Muskat abschmecken.

2 Für die Käsefüllung Petersilie waschen, trocken schütteln und sehr fein hacken. Parmesan reiben. Feta in eine Schüssel bröckeln, mit Ricotta, Petersilie und Parmesan mischen und pfeffern.

3 Den Backofen auf 200° vorheizen. Arbeitsfläche leicht bemehlen. Das Ei in eine Tasse aufschlagen und mit einer Gabel verquirlen. Eine Lage Blätterteig aus der Packung nehmen und auf dem Mehl auslegen. Die Platte in vier gleich große Rechtecke schneiden. Auf jedes Rechteck in die linke untere Ecke etwas von der Käsefüllung setzen, allerdings 2 cm von den Rändern entfernt. Die Ränder mit Ei bepinseln und den Teig zu Dreiecken zusammenfalten.

4 Mit den anderen Teigblättern ebenso verfahren, dabei Spinat- und Käsefüllung abwechseln. Am Ende die Böreks mit dem übrigen Ei bestreichen und mit Sesam bestreuen. Teigtaschen auf ein mit Backpapier ausgelegtes Blech setzen und im heißen Ofen (Mitte) in ca. 20 Min. goldbraun backen.

Meine fantastische Idee

für andere Formen

Böreks müssen keine Dreiecke sein, genauso gut kann man sie – sehr beliebt! – auch zu dicken oder dünnen Zigarren rollen. Hier einfach darauf achten, dass man beim Aufrollen die Seiten zur Mitte hin einschlägt, sodass die Füllung nicht auslaufen kann.

Meine Prise Magie

für süße Latkes

In die Kartoffelmasse etwa 30 g Zucker sowie 1 TL Zimtpulver geben. Das Chutney passt auch zur süßen Variante ganz wunderbar.

SÜSSKARTOFFEL-LATKES MIT BIRNENCHUTNEY

FÜR DAS CHUTNEY
1 kg Birnen
4 Datteln
1 Stück Ingwer (3 cm lang)
1 Schalotte
4 Stängel Minze
1 Bio-Zitrone
100 g Zucker
80 g Gelierzucker
200 ml Weißweinessig
½ TL Chiliflocken

FÜR DIE LATKES
200 g festkochende Kartoffeln
300 g Süßkartoffeln
1 Ei
20 g Mehl
1 Prise Natron
½ TL Salz
Pfeffer
Öl zum Ausbacken
–
Für 2 Personen
45 Min. Zubereitung
45 Min. Garen
Pro Portion ca. 895 kcal

1 Für das Chutney die Birnen schälen, vierteln, vom Kerngehäuse befreien und in 5 mm große Würfel schneiden. Die Datteln entkernen und fein würfeln. Ingwer und Schalotte schälen und fein würfeln. Die Minze waschen, trocken schütteln und die Blätter von den Stängeln zupfen. Die Zitrone heiß waschen, abtrocknen und die Schale abreiben.

2 In einem Topf Birnen, Datteln, Ingwer, Schalotte, Minze, Zucker, Gelierzucker, Weißweinessig, Zitronenschale und Chiliflocken aufkochen und bei mittlerer Hitze unter gelegentlichem Rühren ca. 45 Min. köcheln. Chutney noch heiß in saubere Schraubgläser füllen, verschließen, die Gläser auf den Kopf stellen und auskühlen lassen.

3 Für die Latkes die Kartoffeln waschen, schälen und in ein Sieb raspeln. Raspel gut ausdrücken, auf ein Küchentuch geben und trocken tupfen. Süßkartoffeln schälen und ebenfalls raspeln. Beide Kartoffelsorten in einer Schüssel mit Ei, Mehl, Natron, Salz und Pfeffer gut vermischen.

4 Etwas Öl in einer Pfanne erhitzen. Portionsweise etwa 5 cm große Latkes-Puffer in die Pfanne setzen und von beiden Seiten knusprig braun anbraten, bis die ganze Masse aufgebraucht ist. Fertige Latkes auf Küchenpapier entfetten und bei 80° im Backofen warm halten. Mit dem Chutney servieren.

GANZ KREATIV

AUBERGINENRÖLLCHEN IN TOMATENSAUCE

2 mittelgroße Auberginen (ca. 500 g)
Salz
2 EL Olivenöl
200 g Schafskäse (Feta)
1 Zitrone
1 TL flüssiger Honig
Pfeffer
30 g Pinienkerne
10 Datteln
1 Dose stückige Tomaten (400 g)
1 Knoblauchzehe
2 Zweige Majoran
1 TL rosenscharfes Paprikapulver

AUSSERDEM
10 Zahnstocher

–

Für 2 Personen
30 Min. Zubereitung
15 Min. Ruhen
20 Min. Backen
Pro Portion ca. 670 kcal

1 Auberginen putzen, waschen und längs in 3 mm dünne Scheiben schneiden und nebeneinander auf ein Blech legen, salzen und 15 Min. ruhen lassen. Dann mit Küchenpapier ganz trocken trupfen. Das Öl in einer Pfanne erhitzen und die Auberginenscheiben darin nacheinander von beiden Seiten goldbraun anbraten. Auf Küchenpapier entfetten.

IT'S MAGIC!

Richtig Umami zauberst du dir in den Mund, wenn du vor dem Backen noch ordentlich Parmesan, Pecorino oder einen gereiften Bergkäse über die Auberginen in der Tomatensauce streust.

2 Den Backofen auf 200° vorheizen. Schafskäse in eine Schüssel bröckeln. Den Saft der Zitrone auspressen. Zitronensaft und Honig zum Käse geben. Käsemischung mit einer Gabel zu einer Creme verrühren und mit Salz und Pfeffer abschmecken. In einer Pfanne die Pinienkerne ohne Fett anrösten.

3 Eine Auberginenscheibe mit etwas Creme bestreichen, ein paar Pinienkerne daraufstreuen und 1 Dattel an den Anfang der Scheibe legen. Die Auberginenscheibe aufrollen und mit einem Zahnstocher fixieren. Alle Auberginenscheiben so füllen.

4 In der Pfanne die Tomaten erhitzen. Den Knoblauch schälen, fein hacken und hinzufügen. Majoran waschen und trocken schütteln, die Blätter abzupfen und fein hacken. Die Sauce mit Salz, Pfeffer, Paprika und Majoran abschmecken. Den Inhalt der Pfanne in eine kleine, flache Auflaufform (ca. 13 × 23 cm) geben und die Auberginenröllchen aufrecht hineinstellen. Im heißen Backofen (Mitte) 20 Min. backen.

Meine fantastische Idee

für mehr Geschmack

Anstatt in der Pfanne brate ich die Auberginenscheiben lieber auf dem Grill an. Dadurch entwickelt sich eine Raucharomatik, die ich auf dem Herd nicht erzielen kann.

BANATAGES MIT KRÄUTERN UND SELLERIE

600 g mehligkochende Kartoffeln
Salz
300 g Knollensellerie
½ Bund Koriandergrün
½ Bund glatte Petersilie
1 Knoblauchzehe
Pfeffer
½ TL rosenscharfes Paprikapulver
50 g Mehl
Öl zum Frittieren

–

Für 12 Stück
20 Min. Zubereitung
20 Min. Garen
10 Min. Frittieren
Pro Stück ca. 130 kcal

1 Die Kartoffeln in kochendem, leicht gesalzenem Wasser in ca. 20 Min. weich garen. Den Sellerie schälen, grob würfeln und in einem zweiten Topf in kochendem Wasser ebenfalls garen, bis er noch ganz leicht bissfest ist. Inzwischen Koriander und Petersilie waschen, trocken tupfen und fein hacken. Den Knoblauch schälen und ebenfalls sehr fein hacken. Die Kartoffeln abgießen, kurz ausdampfen lassen, aber noch heiß pellen und mit einem Kartoffelstampfer zu Püree zerdrücken.

2 Sellerie in ein Sieb abgießen, abtropfen lassen und dabei mit einer Schöpfkelle möglichst viel Flüssigkeit herausdrücken. Sellerie in einer flachen Schüssel ebenfalls zerstampfen, wobei er durch die ganz leichte Bissfestigkeit etwas stückig bleibt. Kräuter und Knoblauch untermischen. Die Masse mit Salz, Pfeffer und Paprikapulver abschmecken.

3 Jeweils ein wenig von der Kartoffelmasse mit einem Löffel abstechen und daraus – am besten in der Handfläche – Scheiben von ca. 8 cm formen. In die Mitte etwas Sellerie-Kräuter-Mix geben und mit der Kartoffelmasse verschließen. Die Kugeln zu flachen Kroketten formen und in Mehl wenden.

4 Das Öl in einer großen Pfanne erhitzen und darin die Banatages von beiden Seiten portionsweise goldbraun ausbacken. Dazu passt ein mit Kreuzkümmel gewürzter Möhrensalat.

Meine fantastische Idee

für mehr Abwechslung

Traditionell werden Banatages eigentlich mit Hackfleisch von Rind oder Hähnchen gefüllt. Moderne Varianten erlauben allerdings alles, was sich so finden lässt: Gemüse, Käsemischungen und sogar Tofu. Wer es mal richtig abgefahren mag, nimmt frische und getrocknete Steinpilze.

COUSCOUS MIT PFLAUMEN-KICHERERBSEN

1 Zwiebel
1 Knoblauchzehe
2 Tomaten
200 g Soft-Pflaumen (entsteint)
1 Möhre
½ rote Paprika
1 Dose Kichererbsen
(240 g Abtropfgewicht)
1 EL Olivenöl
½ TL Zimtpulver
½ TL Ingwerpulver
1 TL Kreuzkümmel (frisch gemahlen)
1 TL Koriander (frisch gemahlen)
300 ml Gemüsebrühe
Salz | Pfeffer
150 g Couscous
1 Stängel Koriandergrün
–
Für 2 Personen
20 Min. Zubereitung
20 Min. Garen
Pro Portion ca. 745 kcal

1 Zwiebel und Knoblauch schälen, die Zwiebel in Halbringe, den Knoblauch in feine Würfel schneiden. Die Tomaten waschen, von den Stielansätzen befreien und hacken. Die Pflaumen eher grob würfeln. Die Möhre putzen, schälen und in ähnliche Stücke wie die Pflaumen schneiden. Die Paprika waschen, von Kernen und weißen Trennwänden befreien und fein würfeln. Kichererbsen in ein Sieb abgießen, abspülen und abtropfen lassen.

2 Das Olivenöl in einer Pfanne bei mittlerer Hitze heiß werden lassen. Darin die Zwiebel glasig anschwitzen, dann den Knoblauch für 30 Sek. mitdünsten. Die gehackten Tomaten, Zimt, Ingwer, Kreuzkümmel und Koriander untermischen und gut verrühren. Nach 3 Min. die Pflaumen, die Möhre, die Paprika und die abgetropften Kichererbsen dazugeben, untermischen und 2 Min. ziehen lassen.

3 Die Brühe angießen, aufkochen lassen und die Pflaumen-Kichererbsen-Mischung zugedeckt bei sehr kleiner Hitze 15 Min. ziehen lassen. Dann mit Salz und Pfeffer abschmecken.

4 In der Zwischenzeit den Couscous nach Packungsangabe überbrühen und zugedeckt ruhen lassen, bis er die gesamte Flüssigkeit aufgenommen hat. Den Koriander waschen, trocken schütteln und fein hacken. Den Couscous mit einer Gabel durchrühren und auf zwei Teller verteilen. Die Pfannenmischung darauf verteilen und mit Koriandergrün toppen.

Meine Prise Magie

für mehr Pfiff

Dieses Gericht eignet sich hervorragend, eine gewisse Schärfe einzubauen, da der Fruchtaspekt der Pflaumen einiges abpuffern kann. Also nach Herzenslust frische Chili oder Peperoni mit in die Pfanne geben.

GEMÜSE-MATZEN-LASAGNE

1 kleiner Zucchino
2 Tomaten
1 Zwiebel
2 Knoblauchzehen
150 g Babyspinat
2 EL Olivenöl
100 g Mozzarella
350 g Ricotta
1 Ei
2 Stängel glatte Petersilie
Salz | Pfeffer
600 ml passierte Tomaten
2 TL Zaatar
6 kleine Scheiben Matzen
4 EL frisch geriebener Parmesan
–
Für 2 Personen
30 Min. Zubereitung
35 Min. Backen
Pro Portion ca. 970 kcal

1 Den Zucchino waschen, putzen und würfeln. Die Tomaten waschen, von den Stielansätzen befreien und in Stücke schneiden. Zwiebel und Knoblauch schälen und fein würfeln. Den Babyspinat verlesen, waschen und trocken schleudern.

2 Das Olivenöl in einer Pfanne bei mittlerer Hitze heiß werden lassen. Die Zwiebel darin glasig anschwitzen, dann Zucchiniwürfel 1 Min. mitschwenken. Knoblauch und Spinat hinzufügen und rühren, bis der Spinat zusammengefallen ist. Tomaten dazugeben und die Pfanne beiseitestellen. Den Backofen auf 180° vorheizen.

3 Den Mozzarella abtropfen lassen und klein würfeln. In einer Schüssel den Ricotta und das Ei mit einer Gabel verrühren. Die Petersilie waschen und trocken schütteln, die Blätter abzupfen, hacken und zusammen mit dem Mozzarella zum Ricotta geben. Alle Zutaten in der Schüssel gut vermengen und mit Salz und Pfeffer würzen.

4 Passierte Tomaten und Zaatar mischen, salzen und die Hälfte davon in eine eckige Auflaufform (ca. 20 × 20 cm) geben. 2 Matzenscheiben in Wasser eintauchen, bis sie nach 30 Sek. beginnen weich zu werden. Herausnehmen, anhaftendes Wasser abschütteln und als Schicht auf die Tomatensauce legen. Dabei die Brotscheiben passend für die Form brechen, wie man es auch bei Lasagneblättern macht.

5 Jetzt die Hälfte der Gemüsepfanne sowie die Hälfte der Ricottamischung darauf verteilen. Darauf wieder 2 eingeweichte Matzenscheiben, restliches Gemüse und restlichen Ricotta einschichten. Mit restlichen 2 Matzenscheiben deckeln und die restliche Tomatensauce darübergießen. Den Parmesan auf die Lasagne streuen. Lasagne im heißen Backofen (Mitte) ca. 35 Min. backen, bis der Parmesan schön gebräunt ist. Lasagne aus dem Ofen nehmen, auf zwei Tellern anrichten und genießen.

Meine fantastische Idee

für leckeren Vorrat

Wir bauen Tomaten selbst an und haben den ganzen Sommer über reichlich davon. Was wir nicht gleich essen können, geben wir ohne den Stielansatz, aber als ganze Früchte bei 80° 4–5 Std. in den Backofen. Durch die Hitze entweicht viel Wasser aus den Tomaten, sie schmecken viel intensiver. Das Gemüse wird püriert und ist eine herrliche Grundlage für Tomatensauce. Pssst! Wer keinen Garten hat, kauft im Sommer einfach vollreife, aber günstige Tomaten im Handel.

MALVENBLÄTTER MIT CONFIERTEM KNOBLAUCH

1 Knolle Knoblauch
125 ml Olivenöl
10 Kirschtomaten
2 Zwiebeln
Salz
80 g kleine grüne Linsen (z. B. Vertes de puy)
150 g Jasmin-Reis
200 g Malvenblätter (ersatzweise Mangold oder Spinat)
Pfeffer
–
Für 2 Personen
10 Min. Zubereitung
40 Min. Confieren
20 Min. Garen
Pro Portion ca. 1 055 kcal

IT'S MAGIC!

Ich nutze bei diesem Gericht die Gelegenheit, gleich eine größere Menge Knoblauch zu confieren. Der passt nämlich zu ganz vielen Dingen wunderbar: Er veredelt Kartoffelpüree oder Gemüse, peppt Pastasaucen auf oder geht hervorragend zu Fisch und Fleisch. Und auf geröstetes Brot gestrichen ist er Bombe für Bruschetta.

1 Den Backofen auf 100° vorheizen. Den Knoblauch schälen und zusammen mit 100 ml Olivenöl in einen kleinen Topf geben. Tomaten waschen, in eine kleine, flache Schale legen und mit 10 ml Öl übergießen. Beides im Ofen (Mitte) 40 Min. confieren, bis die Zehen weich und die Tomaten aufgeplatzt sind.

2 Parallel dazu die Zwiebeln schälen und in feine Würfel schneiden. In einer Pfanne 10 ml Öl erhitzen und die Zwiebeln darin bei mittlerer Hitze in 3–4 Min. schön braun anrösten. Die Zwiebeln ohne das Öl aus der Pfanne in einen Topf heben. 500 ml Wasser, Salz und die Linsen dazugeben und zum Kochen bringen. In der Pfanne im verbliebenen Öl den Reis anbraten, sodass er ein wenig Farbe bekommt. Den Pfanneninhalt in den Topf geben und die Linsen-Reis-Mischung bei kleinster Hitze zugedeckt 20 Min. dämpfen. Vom Herd nehmen und weitere 20 Min. ziehen lassen.

3 Die Malvenblätter waschen, trocken tupfen und in feine Streifen schneiden. Die Pfanne auswischen und darin die restlichen 5 ml Öl erhitzen. Malven dazugeben und kurz anbraten. Die Hitze reduzieren und das Gemüse in 5 Min. weich ziehen lassen. Mit Salz und Pfeffer abschmecken.

4 Den Linsenreis zusammen mit Malven, confiertem Knoblauch und Tomaten auf zwei Tellern anrichten. Nach Wunsch etwas Joghurt dazu reichen.

Best Friends Forever

LEVANTE-TRAUMPAARE

HARMONIE VS. KONTRAST

Ein Gericht bezeichnen wir dann als spannend, anregend oder auch mal als einfach nur lecker, wenn die Gesamtkomposition stimmt. Was man Neudeutsch Foodpairing nennt, kann dabei auf Harmonie setzen – oder es in einem gewollt scharfen Kontrast auch schon mal krachen lassen, und den Genuss sogar noch steigern. Wenn **Geruch, Geschmack und Textur**, also das Mundgefühl, dieses magische Gleichgewicht finden, wird es richtig gut.

BITTERSÜSSE LIEBE

Süße und Bitterstoffe führt man in Israel sehr geschickt zusammen, zum Beispiel, indem **Fenchel und Orangen** kombiniert werden. Röstige Süße erhält das Gemüse einerseits, wenn man es mit Puderzucker und etwas Olivenöl in der Pfanne karamellisiert und so die Bitterstoffe kontert. Der fruchtige Zusatz kommt nun über eine aufgeschäumte Safranbutter, die mit Saft und Schale von Orangen abgerundet wird.

AUBERGINE SUCHT STARKEN PARTNER

Nehmen wir etwa Auberginen, an sich ein recht fades Gemüse – und genau aus diesem Grund perfekt dazu geeignet, sich stark formen zu lassen und/oder sich **aussagekräftigeren Partnern unterzuordnen**. Durch das Abflammen der Auberginenschale über dem offenen Feuer eines Grills entsteht eine Raucharomatik, die von Zitronensaft aufgefrischt, von Knoblauch gewürzt und von Olivenöl abgerundet wird. Mit dem Knack gerösteter Pinienkerne für den Crunch obendrauf. Plötzlich steht ein herrliches Babaganoush auf dem Tisch, das nichts anderes mehr braucht als ein Stück Pita.

PERFEKTES DUO – JOGHURT UND ZITRONE

Dieses Tandem kann jedem Gericht auf die Sprünge helfen: Joghurt und Zitronen. Die **ätherischen Duftstoffe der Zitrusfrüchte** und der **Schmelz frischen, fetthaltigen Joghurts** schaffen Leichtigkeit und Lebendigkeit nicht nur bei gegrilltem Gemüse, sondern – nebenbei erwähnt – auch bei Fisch oder Geflügel. Und sie arbeiten auch in gereiftem Zustand im perfekten Team: als eingelegte Salzzitronen und Labaneh. Aus der Frische wird nun Tiefe, aus dem luftigen Mundgefühl entsteht Substanz.

KOHLSTRUDEL MIT GURKENSALAT

FÜR DEN STRUDEL
500 g Weißkohl
1 große Zwiebel
120 g Butter
Salz | Pfeffer
1 TL Kümmelkörner
1 Pck. Filoteig (250 g; Kühlregal)
200 g Ziegenfrischkäse

FÜR DEN SALAT
1 Salatgurke
1 Granatapfel
1 rote Zwiebel
½ Bund Minze
3 EL Limettensaft
Salz | Pfeffer
–
Für 4 Personen
30 Min. Zubereitung
25 Min. Backen
Pro Portion ca. 1 355 kcal

1 Für den Strudel den Weißkohl waschen, putzen und in Streifen schneiden. Die Zwiebel schälen und in kleine Würfel schneiden.

2 40 g Butter in einer großen Pfanne oder einem weiten Topf erhitzen und die Zwiebel darin glasig anschwitzen. Den Kohl dazugeben und zugedeckt in 10 Min. bei mittlerer Hitze bissfest garen. Salz, Pfeffer und Kümmel hinzufügen, durchmischen und den Kohl offen weitere 5 Min. köcheln. Vom Herd nehmen und beiseitestellen.

3 Den Backofen auf 200° vorheizen. Die restlichen 80 g Butter in einem kleinen Topf schmelzen. Den Filoteig aus der Packung nehmen und das erste Blatt davon auf einen Bogen Backpapier legen. Mit Butter bepinseln. Das nächste Blatt Filoteig darauflegen und ebenfalls mit Butter bepinseln. Weiter so verfahren, bis alle Blätter aufgebraucht sind.

4 Die etwas abgekühlte Kohlmasse auf den Teig geben, dabei an den Rändern ca. 2 cm frei lassen. Den Ziegenfrischkäse darüber bröckeln.

5 Das Backpapier nutzen, um den Teig um die Füllung herum zu einer Rolle zu formen. Die Filo-Weißkohl-Rolle mit dem Rest der flüssigen Butter bepinseln. Den Ziegenkäse-Kohl-Strudel samt Backpapier auf ein Blech legen und im heißen Ofen (Mitte) in ca. 25 Min. goldbraun backen.

6 Für den Salat die Gurke putzen, schälen und längs halbieren. Die Kerne mit einem kleinen Löffel herausschaben. Das Fruchtfleisch quer in Halbringe schneiden. Den Granatapfel halbieren, eine Hälfte mit der Schnittfläche nach unten über eine Schüssel halten und mit einer Schöpfkelle von oben darauf klopfen, um die Kerne herauszulösen. Mit der anderen Hälfte ebenso verfahren. In die Schüssel gefallene Teile der weißen Häutchen entfernen. Die Zwiebel schälen, halbieren und in dünne Halbringe schneiden. Minze waschen und trocken schütteln. Die Blätter von den Stängeln zupfen und grob hacken. Die Salatzutaten zusammen mit dem Limettensaft zu den Granatapfelkernen geben, salzen, pfeffern und gut vermischen. Den Strudel zusammen mit dem Salat servieren.

Meine fantastische Idee

für saftigen Strudelgenuss

Ja, das hört sich nach ganz schön viel Butter an. Doch andererseits haben wir ja auch – je nach Hersteller – sechs bis sieben Lagen Filoteig. Damit dieser nicht austrocknet, braucht es eben die Butter, die den Teig durchdringt und ihn schön saftig hält. Der Kümmel wiederum sorgt für eine gute Verdaulichkeit des Kohls. Psst! Ich nehme sogar immer etwas mehr davon …

VEGETARISCHE CHRAIME

FÜR DIE SAUCE
3 Knoblauchzehen
je 1 rote und grüne Peperoni
3 bunte Paprika
2 Stangen Staudensellerie
2 Möhren
Salz
1 TL gemahlener Kreuzkümmel
1 TL Ras el Hanout
1 TL Korianderkörner
1 EL Olivenöl
1 Dose stückige Tomaten (400 g)

FÜR DIE EINLAGE
1 rote Zwiebel
½ rote Paprika
2 Knoblauchzehen
½ Bund Koriandergrün
250 g Tofu
1 TL Olivenöl
½ TL gemahlene Kurkuma
1 TL gemahlener Kreuzkümmel
Salz | Pfeffer
100 g Semmelbrösel
1 Stängel Petersilie
–
Für 2 Personen
20 Min. Zubereitung
1 Std. 10 Min. Garen
15 Min. Backen
Pro Portion ca. 590 kcal

1 Für die Sauce den Knoblauch schälen. Peperoni und Paprika waschen, längs halbieren, von Kernen und weißen Trennwänden befreien und in grobe Stücke schneiden. Sellerie putzen, waschen und in Stücke schneiden. Möhren putzen, schälen und in 5 mm dicke Scheiben schneiden. Knoblauch, Peperoni sowie die Hälfte der Paprika in einem Standmixer mixen. Salz, Kreuzkümmel, Ras el Hanout und Koriander hinzufügen und nochmals durchmixen.

2 Olivenöl in einem Topf erhitzen. Sellerie und Möhren darin bei mittlerer Hitze 2 Min. andünsten. Die gemixte Masse dazugeben und 10 Min. köcheln lassen, dabei öfter umrühren. Restliche Paprika sowie stückige Tomaten einrühren und offen ca. 1 Std. bei kleiner bis mittlerer Hitze köcheln lassen.

3 Den Backofen auf 200° vorheizen. Für die Einlage Zwiebel schälen und würfeln. Paprika waschen, von Kernen und weißen Trennwänden befreien und in Stücke schneiden. Knoblauch schälen. Koriander waschen, trocken schütteln und grob hacken. Alle Zutaten für die Einlage bis auf die Semmelbrösel und die Petersilie ebenfalls mixen, salzen und pfeffern. Die Masse in einer Schüssel mit den Semmelbröseln mischen und zu zehn Kugeln formen. Diese auf ein mit Backpapier ausgelegtes Blech legen und im Ofen (Mitte) ca. 15 Min. backen. Petersilie waschen und trocken schütteln, die Blätter abzupfen und hacken. Sauce auf Teller verteilen und mit der Einlage reichen. Mit Petersilie bestreuen.

Meine fantastische Idee

für leckeren Vorrat

Wenn man schon mal Chraime-Sauce macht (die in Israel übrigens fast immer der verschärfte Begleiter für Fisch ist), dann gerne auch gleich mehr davon. Lässt sich ganz prima einfrieren.

Register

O/P

R

S

T

U/W

Z

AUTOR UND FOTOGRAFIN

dieses kräuterfrischen Buches

MATTHIAS F. MANGOLD

... widmet sich mit Vorliebe allen kulinarischen Genüssen. Er betreibt in der Pfalz sein Unternehmen »genusstur« mit Kochkursen und Weinseminaren, ist Chefredakteur des VINUM Weinguides und erhielt für seine Kochbücher bereits mehrfache Auszeichnungen, darunter den Deutschen Kochbuchpreis und den ITB Award der Deutschen Tourismusbörse. Sein Hauptaugenmerk bei den Rezepten gilt immer der Nachvollziehbarkeit.

JULIA HOERSCH

... ist eine vielfach ausgezeichnete Fotografin und arbeitet als freie Fotografin in Hamburg für zahlreiche renommierte Magazine, Agenturen und Buchverlage. Eines ihrer Lieblingsthemen ist Food, wie die stimmungsvollen, geradezu magischen Fotos in diesem Buch beweisen. Das Foodstyling machte Adam Koor.

www.juliahoersch.de

LIEBE LESERINNEN UND LESER,

wir wollen Ihnen mit diesem Buch Informationen und Anregungen geben, um Ihnen das Leben zu erleichtern oder Sie zu inspirieren, Neues auszuprobieren. Wir achten bei der Erstellung unserer Bücher auf Aktualität und stellen höchste Ansprüche an Inhalt und Gestaltung. Alle Anleitungen und Rezepte werden von unseren Autoren, jeweils Experten auf ihren Gebieten, gewissenhaft erstellt und von unseren Redakteur*innen mit größter Sorgfalt ausgewählt und geprüft.

Haben wir Ihre Erwartungen erfüllt? Sind Sie mit diesem Buch und seinen Inhalten zufrieden? Wir freuen uns auf Ihre Rückmeldung. Und wir freuen uns, wenn Sie diesen Titel weiterempfehlen, in Ihrem Freundeskreis oder bei Ihrem Online-Kauf.

Sollten wir Ihre Erwartungen so gar nicht erfüllt haben, tauschen wir Ihnen Ihr Buch jederzeit gegen ein gleichwertiges zum gleichen oder ähnlichen Thema um.

KONTAKT ZUM LESERSERVICE

GRÄFE UND UNZER VERLAG
Grillparzerstraße 12
81675 München
www.gu.de

Impressum

GU ist eine eingetragene Marke der GRÄFE UND UNZER VERLAG GmbH, www.gu.de

ISBN 978-3-8338-9087-1
1. Auflage 2023

Projektleitung: Alessandra Redies
Lektorat: Cora Wetzstein
Korrektorat: Adriane Andreas
Gesamtgestaltung: ki36 Editorial Design, Sabine Krohberger, München
Herstellung: Petra Roth
Satz: Reemers Publishing Services GmbH
Reproduktion: Medienprinzen GmbH, München
Druck und Bindung: Firmengruppe APPL, aprinta druck, Wemding

Ein Unternehmen der
GANSKE VERLAGSGRUPPE

Printed in Germany

Bildnachweis:
Stockfood/PhotoCuisine/Natacha Nikouline: Cover;
Vivi D'Angelo: Autorenfoto S. 04;
The Noun Project: Piktogramme S. 04–05;
alle anderen: Julia Hoersch

Umwelthinweis:
Nachhaltigkeit ist uns sehr wichtig. Der Rohstoff Papier ist in der Buchproduktion hierfür von entscheidender Bedeutung. Daher ist dieses Buch auf PEFC-zertifiziertem Papier gedruckt. PEFC garantiert, dass ökologische, soziale und ökonomische Aspekte in der Verarbeitungskette unabhängig überwacht werden und lückenlos nachvollziehbar sind.

Syndication: www.seasons.agency

Die GU-Homepage finden Sie unter
www.gu.de